I0355822

www.ingramcontent.com/pod-product-compliance
Lightning Source LLC
Chambersburg PA
CBHW041428010526
44107CB00045B/1541
9780645562439

دو باغات

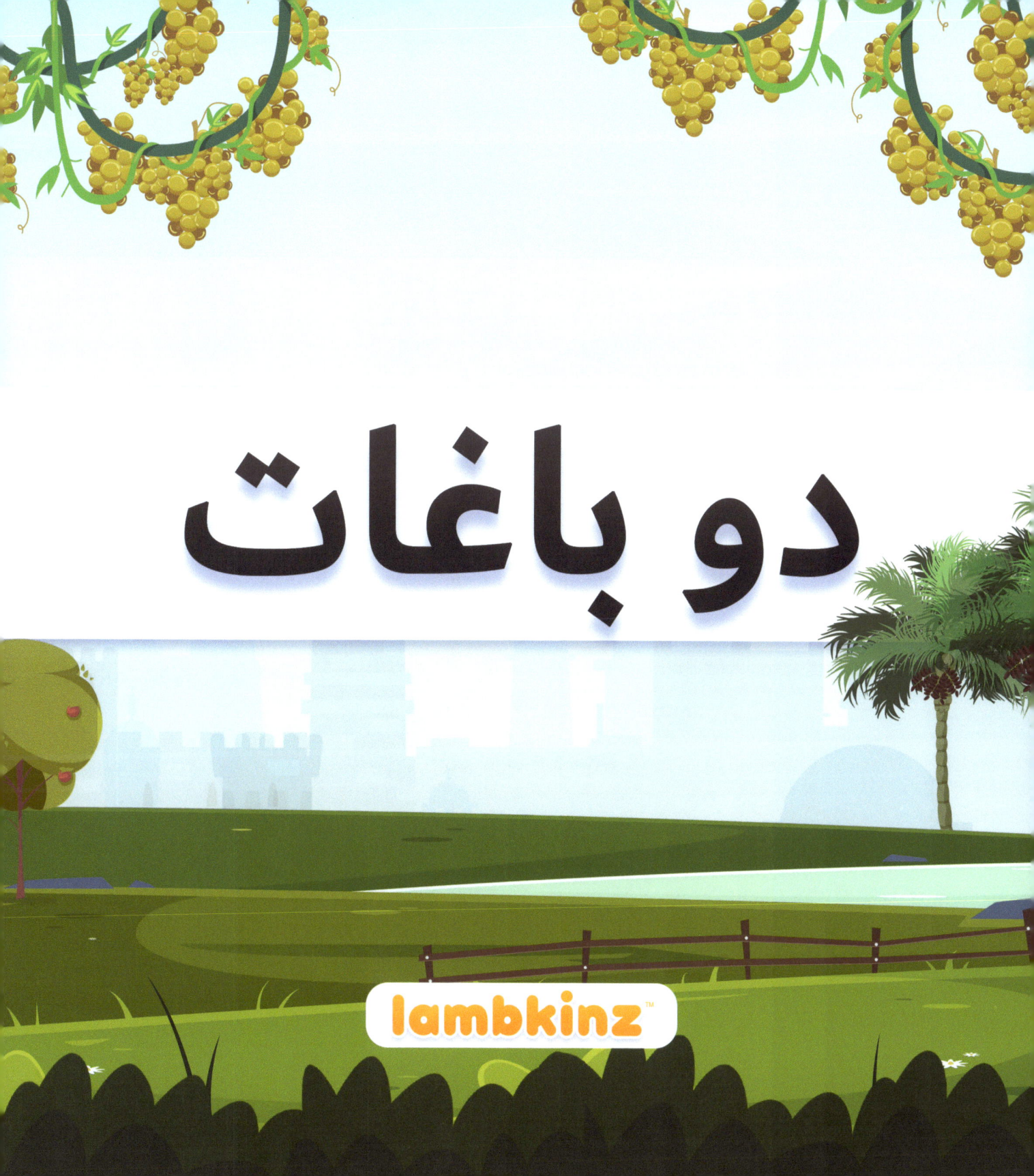

Copyright © 2022 lambkinz
All rights reserved by Green Animation Studio.

No part of this publication may be reproduced, distributed, or transmitted in any form or by any means, including photocopying, recording, or other electronic or mechanical methods, without the prior written permission of the creator.

For permission requests, write to the creator addressed "Attention: Seeking Permission" at hello@lambkinz.pk

Book Design by Green Animation Studio
Illustration Designed by pikisuperstar / Freepik

lambkinz by Green Animation Studio

www.lambkinz.com

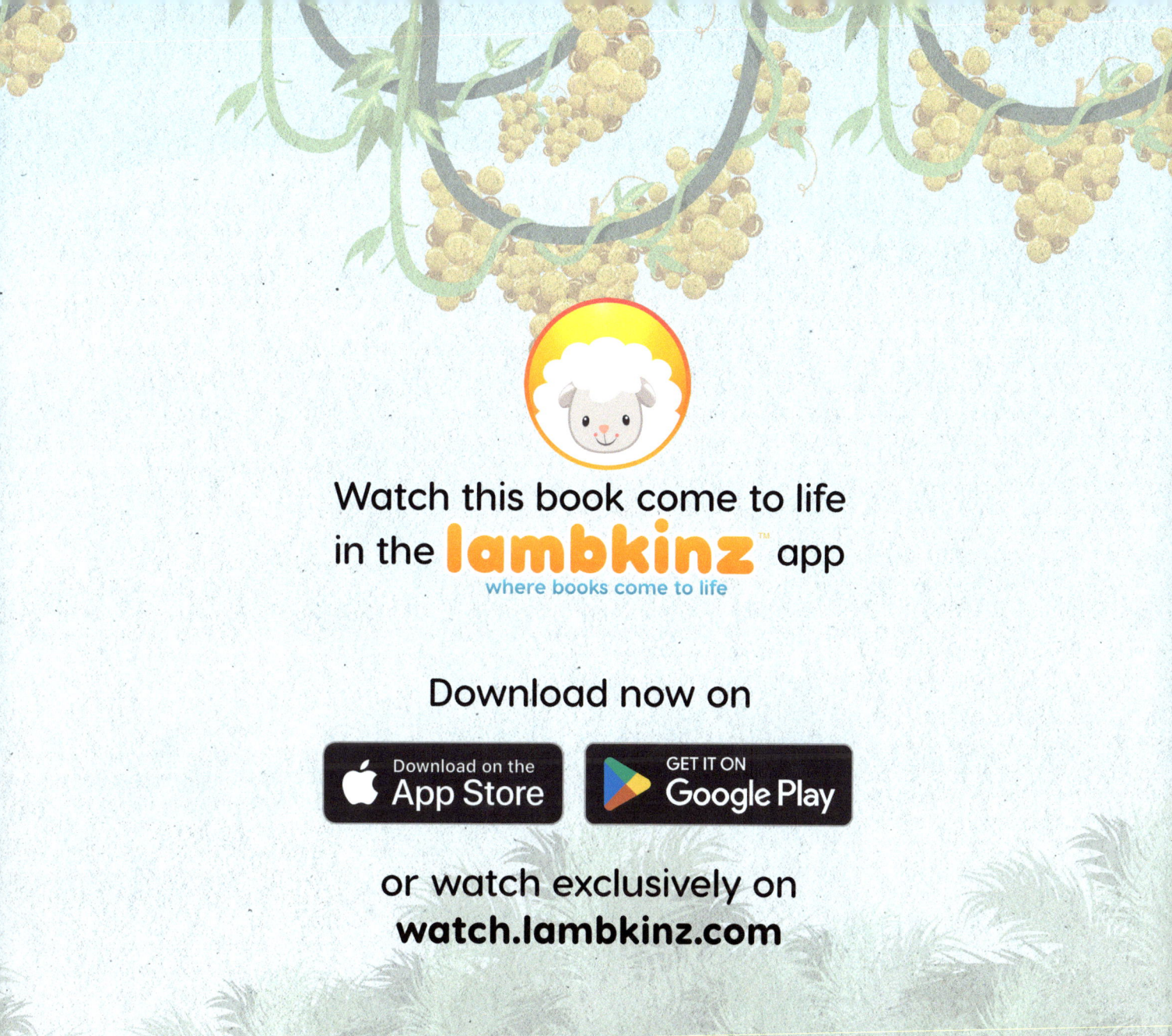

بہت پہلے، ایک جگہ دو دوست رہتے تھے
ان میں سے ایک امیر کسان تھا، جبکہ دوسرا
غریب کسان تھا

امیر کسان ایک
بڑی زمین کا مالک تھا

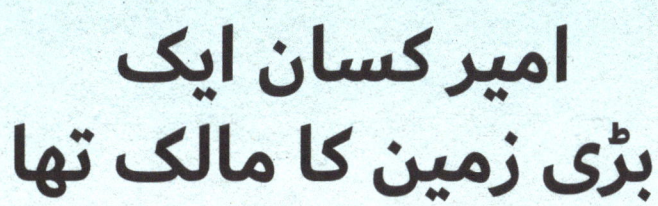

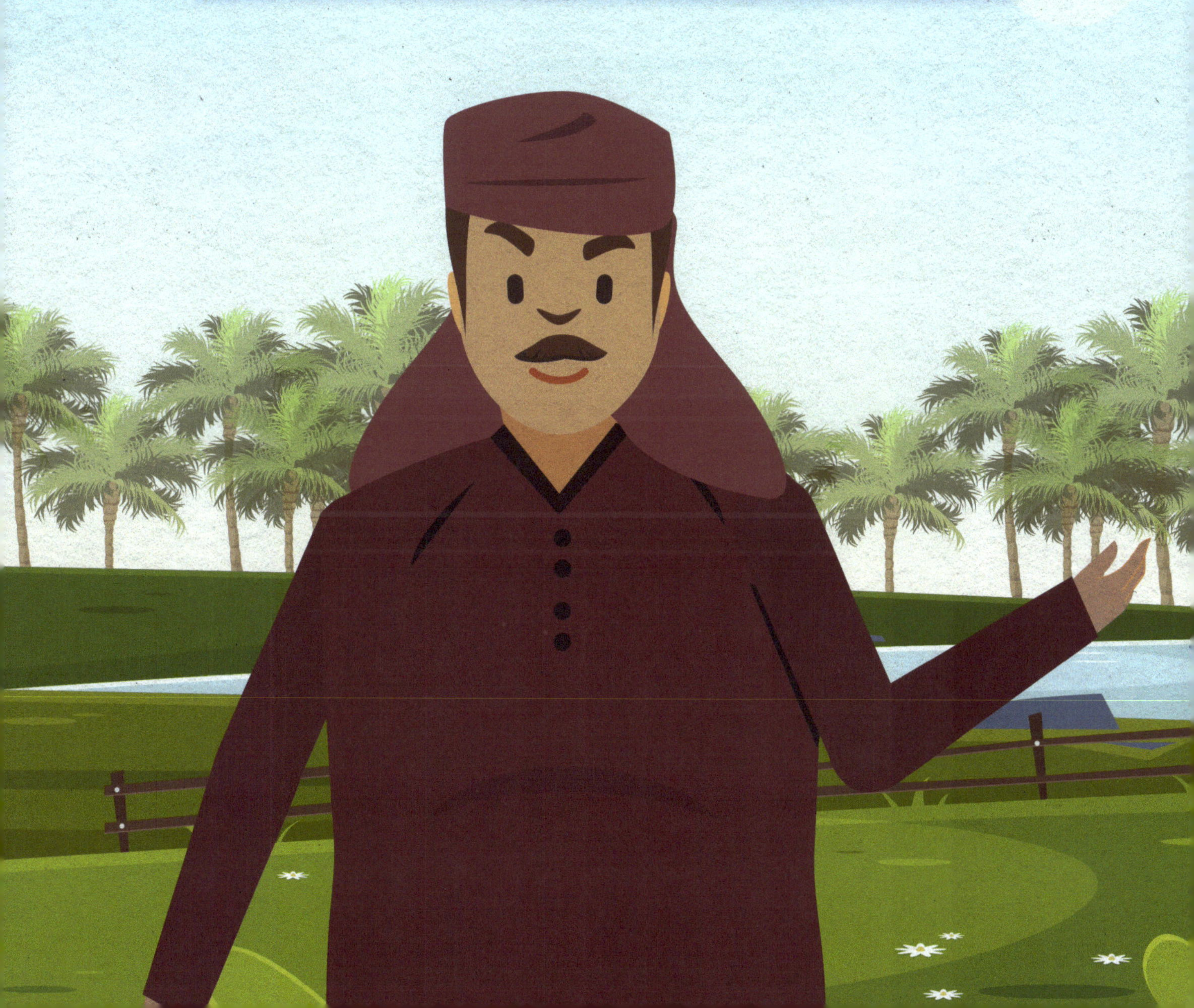

اس نے اپنی زمین کو بڑی محنت کے ساتھ
کاشت کیا اور اسے دو خوبصورت
باغات میں تبدیل کر دیا

وہ پھولوں اور ہر قسم کے پھلوں سے بھرے ہوئے تھے

خاص طور پر انگور اور کھجوریں ، انگور کے باغات کھجور کے درختوں کے ساتھ لگائے گئے تھے

اور ان کے درمیان بہتی ہوئی ندی بھی تھی

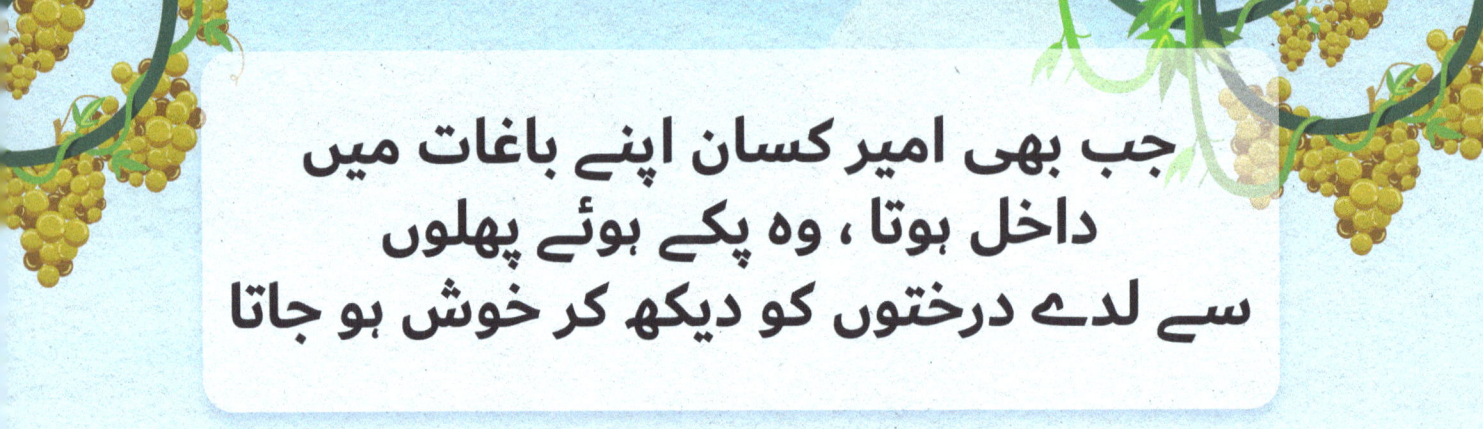

جب بھی امیر کسان اپنے باغات میں داخل ہوتا، وہ پکے ہوئے پھلوں سے لدے درختوں کو دیکھ کر خوش ہو جاتا

اس کا دل فخر اور تکبر سے بھر جاتا

اسے لگتا تھا کہ یہ سب اس کی محنت
اور منصوبہ بندی کا نتیجہ ہے

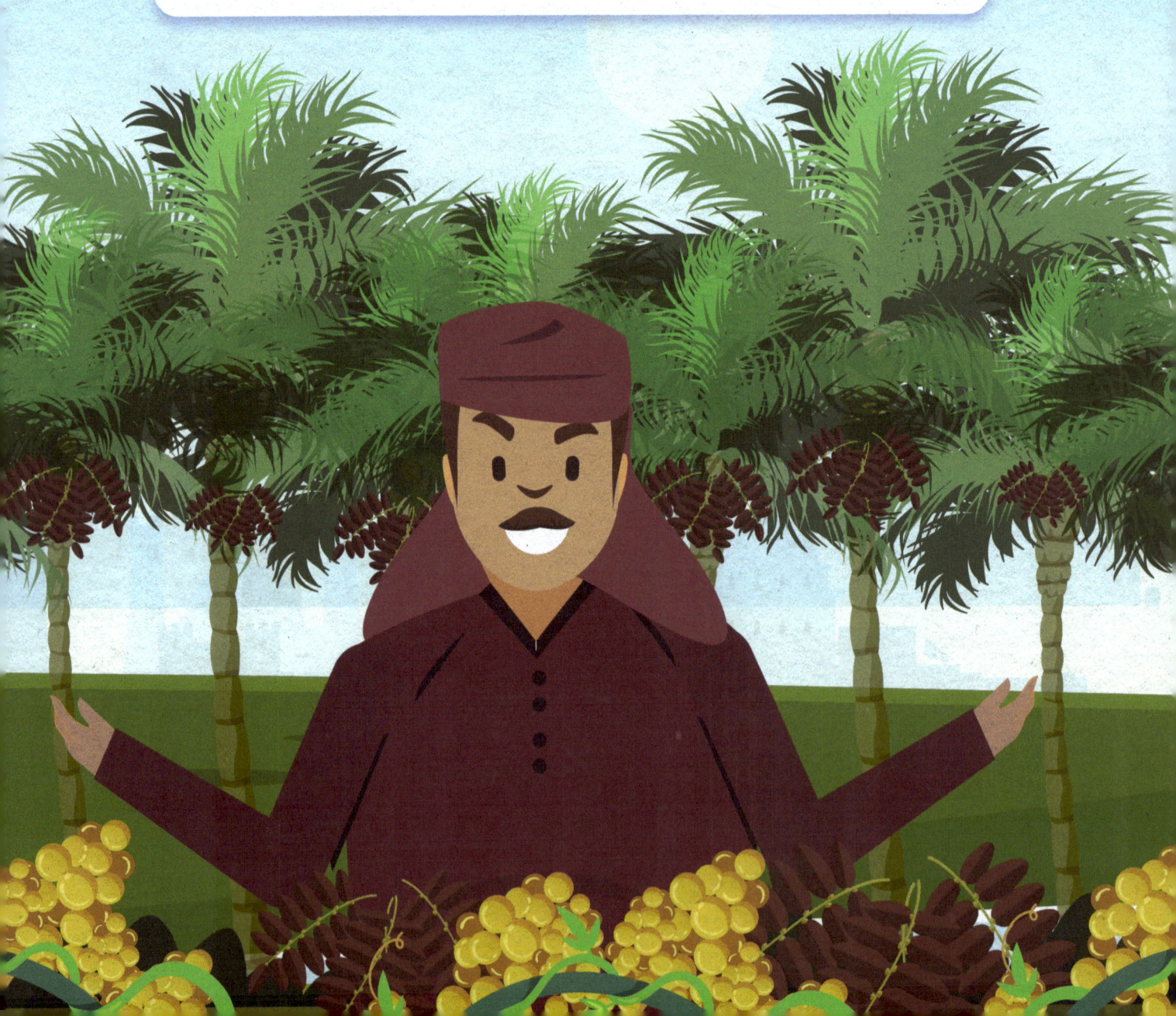

وہ اس حقیقت کو نظر انداز کر دیتا کہ
اس کي پوری قسمت دراصل
اللہ کی نعمت تھی

اللہ کی نعمتوں کے بغیر کوئی بھی اس زمین پر ایک بھی دانہ حاصل نہیں کر سکتا

ایک دن اس کا دوست
غریب کسان اس سے ملنے گیا

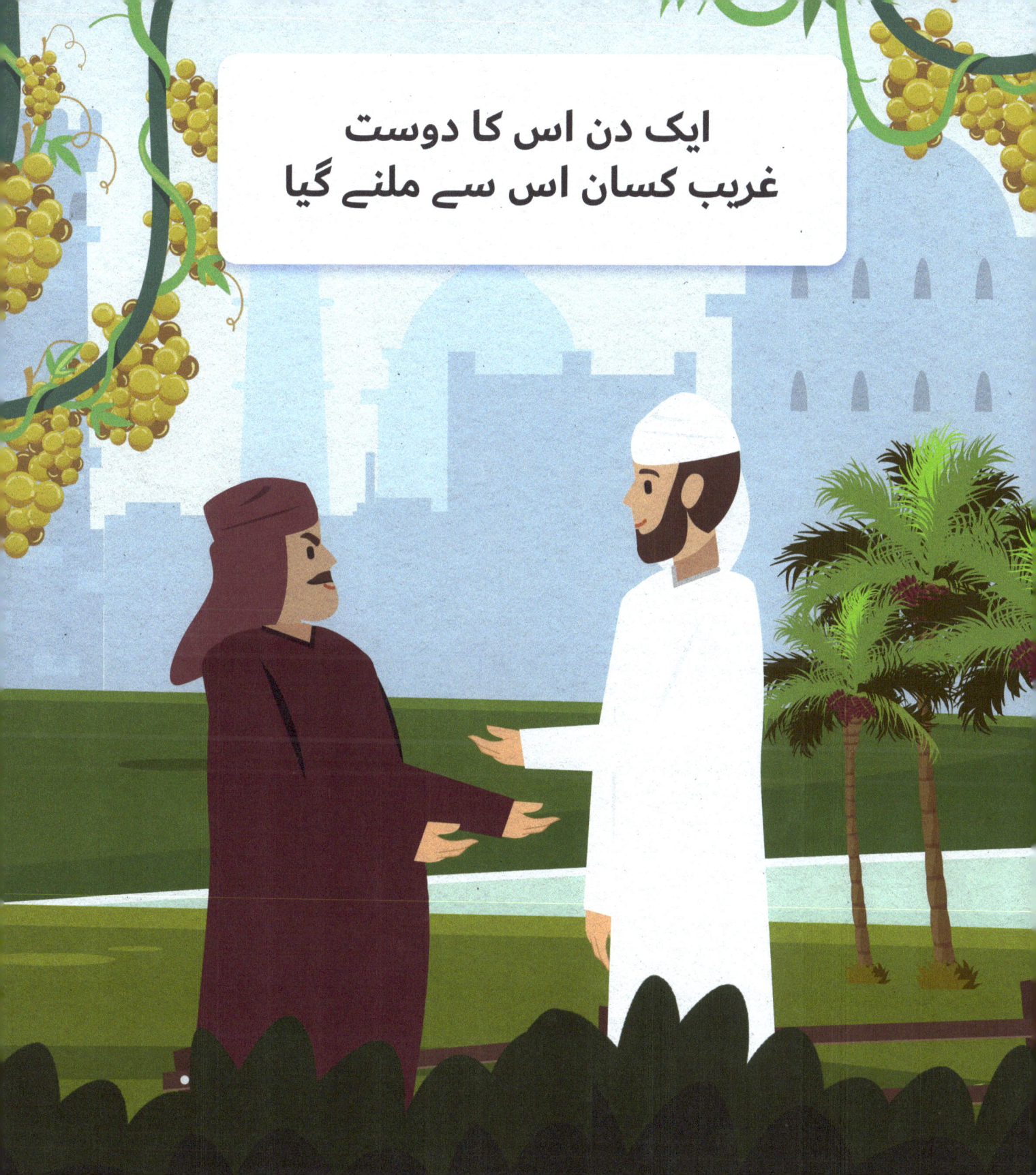

امیر کسان اسے اپنے خوبصورت باغ میں لے گیا اور فخر سے اس سے کہا

”میں تم سے زیادہ امیر ہوں
اور میرا قبیلہ تم سے زیادہ طاقتور ہے

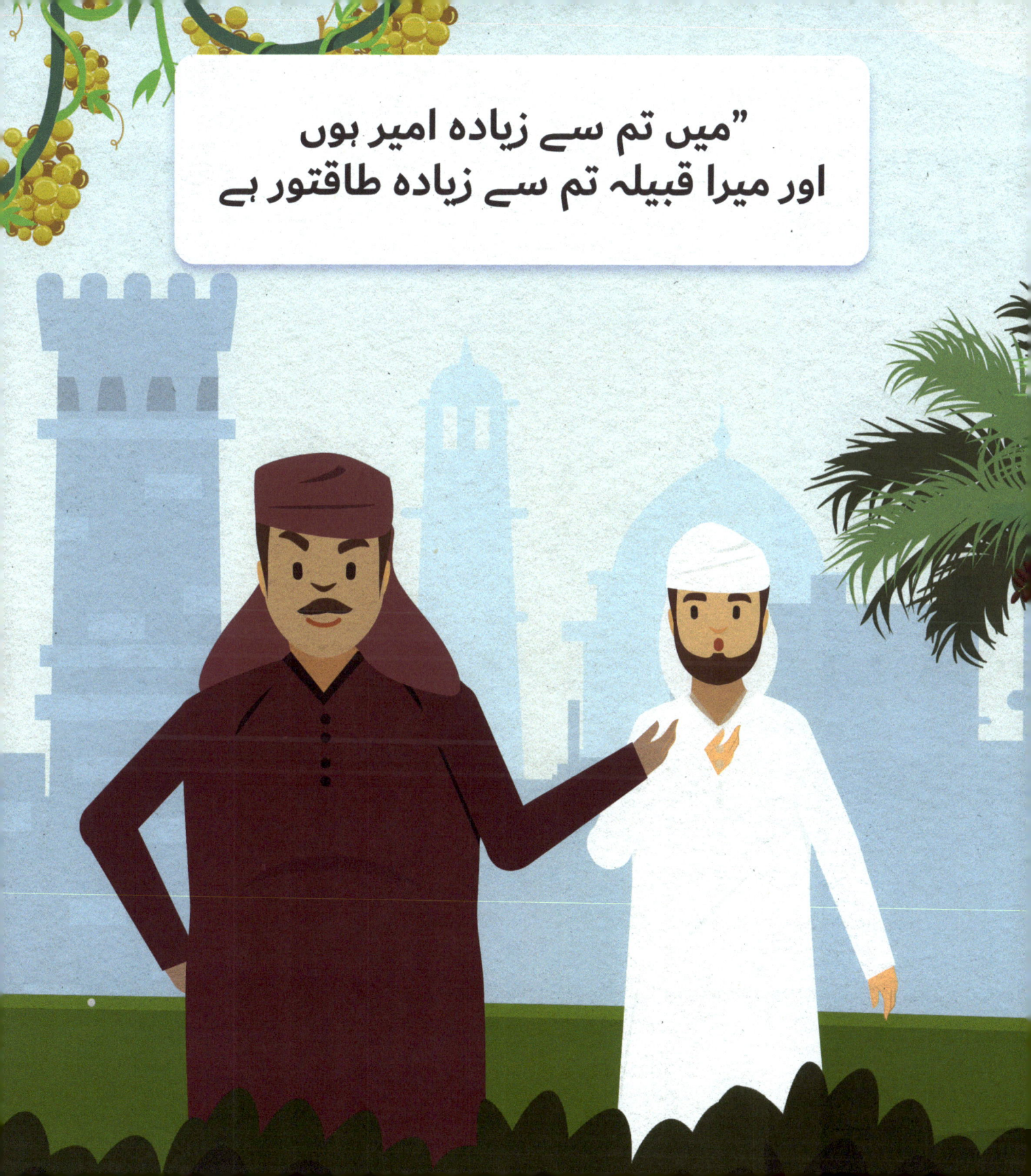

یقینا یہ کبھی ختم نہیں ہوگا“

دولت سے متاثر ہو کر وہ قیامت کے دن کو جھٹلاتا چلا گیا

”اور نہ ہی مجھے یقین ہے کہ قیامت کی گھڑی کبھی آئے گی۔“

پھر اس نے مزید کہا کہ ”اگر میں اپنے پروردگار کی
طرف لوٹ جاؤں تو بھی مُجھے اس سے بہتر جگہ ضرور ملے گی“

اسے احساس ہی نہ تھا کہ یہ سب اس کی
خواہش سے زیادہ اور کچھ نہیں

جب غریب کسان نے دیکھا کہ اس کا دوست برے طریقے سے برتاؤ کر رہا ہے تو اس نے اسے درست کرنے کی کوشش کی

"کیا تمہیں اللہ پر بھروسہ نہیں جس نے تمہیں مٹی سے پیدا کیا اور تمہیں انسان بنایا؟ میرے لیے اللہ میرا رب ہے اور میں اس کے ساتھ کسی اور کو شریک نہیں کرتا"

اس نے کسان کو مشورہ دیا کہ اسے باغ میں گھمنڈ کے بجائے پوری عاجزی کے ساتھ جانا چاہیے تھا اور کہنا چاہیے تھا

"جو اللہ نے مقرر کیا ہے وہ ضرور ہو گا اللہ کے سوا کوئی طاقت نہیں ہے۔"

غریب کسان نے مزید کہا "اگرچہ آپ مجھے اپنے سے غریب دیکھتے ہیں پھر بھی میرا رب مجھے آپ سے بہتر باغ دے سکتا ہے

اور آپ کے انگور کے باغوں پر آسمان سے گرج چمک نازل کر سکتا ہے اور اسے کچرے کا ڈھیر بنا کر اس کا پانی زمین میں اتار سکتا ہے۔"

اگلے ہی دن اس کے باغات آفت سے
دوچار ہو گئے۔ تمام پھل تباہ ہو گئے

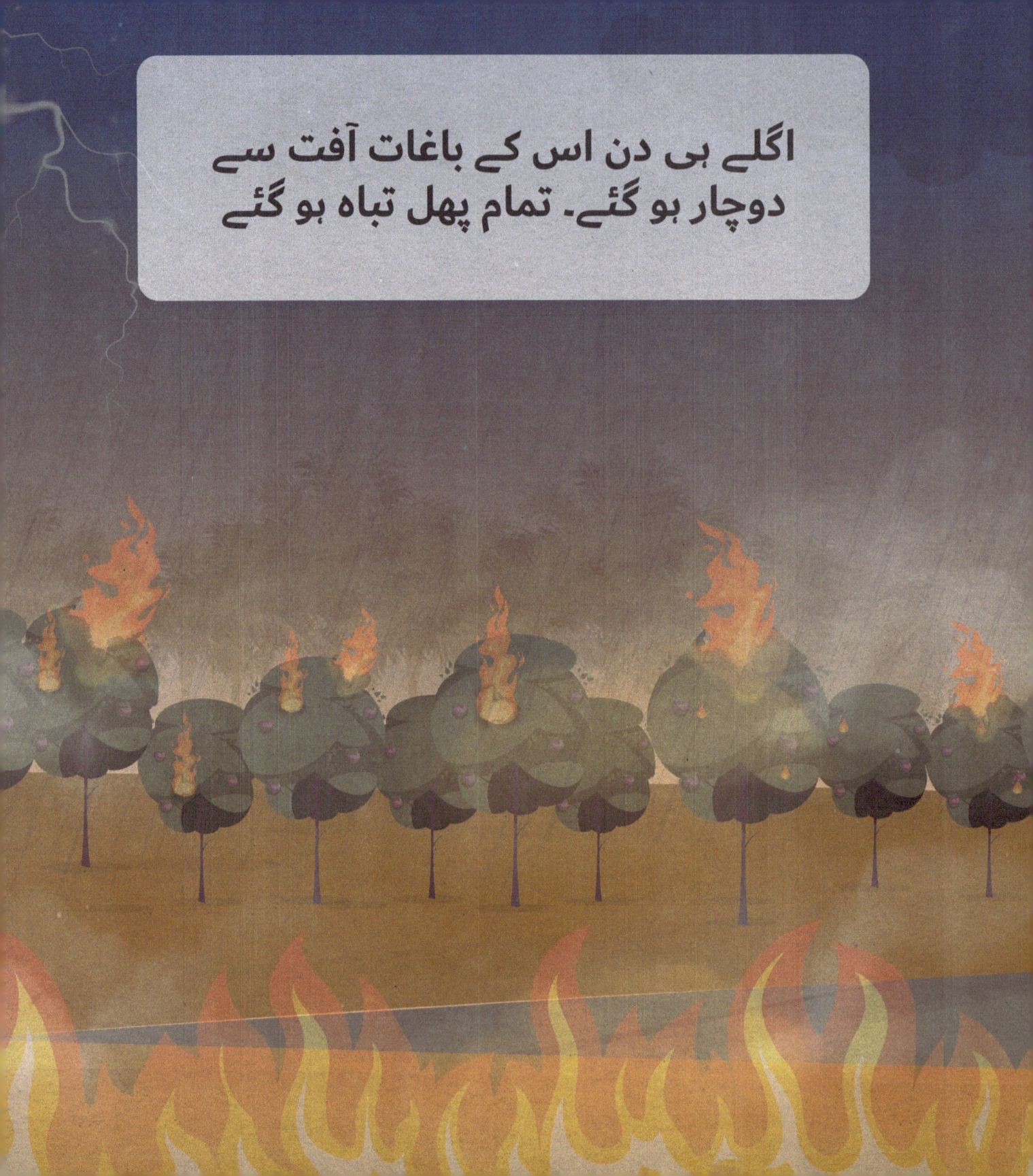

امیر کسان نے اپنے ہاتھوں کو غم سے جھڑکا
جو اس نے خرچ کیا تھا اس پر ہاتھ ملتا رہ گیا

یہ دیکھ کر اسے اپنی غلطی کا احساس ہوا اور رو پڑا
”کاش میں اپنے رب کے علاوہ کسی اور خدا کی عبادت نہ کرتا“

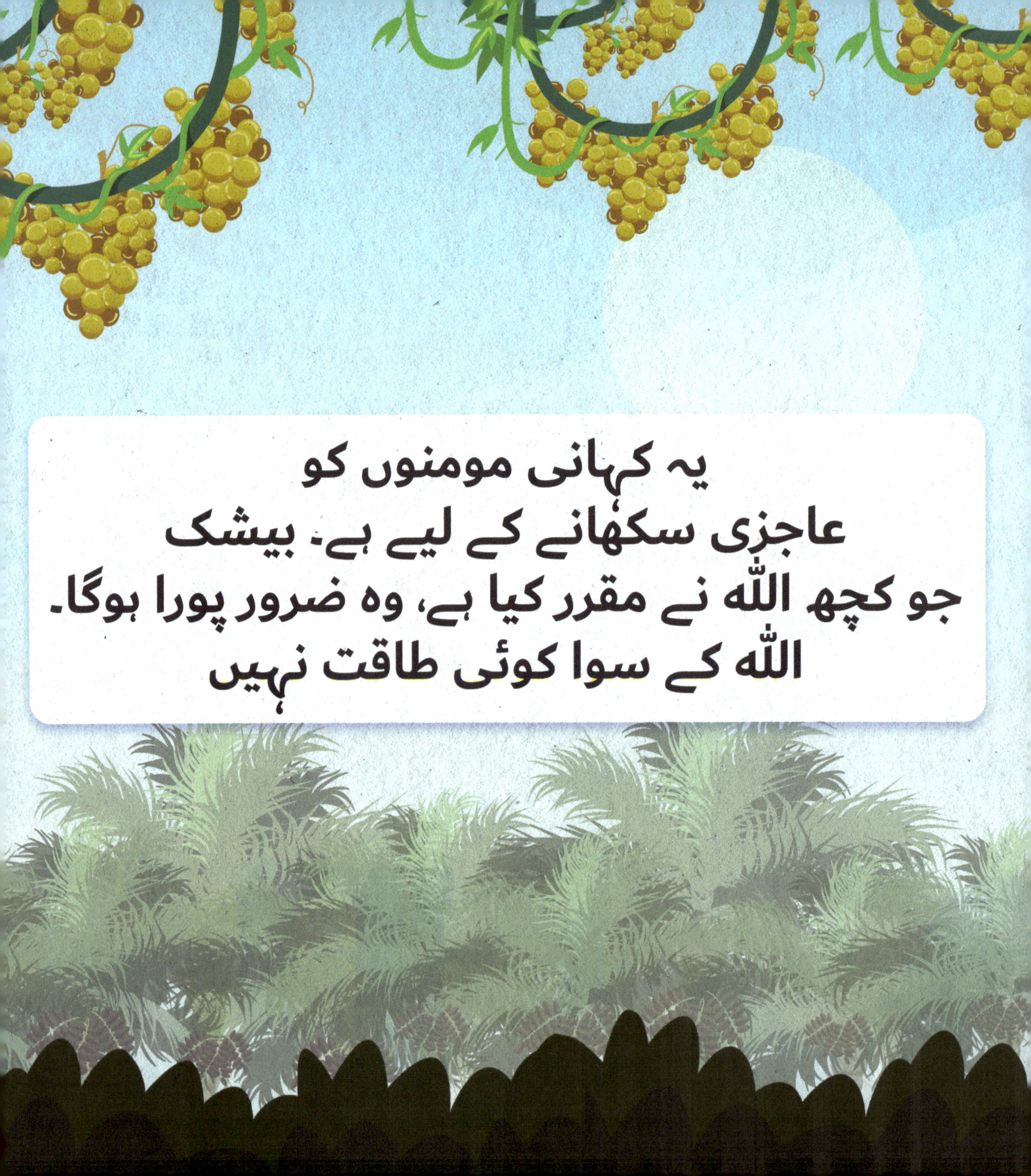

یہ کہانی مومنوں کو عاجزی سکھانے کے لیے ہے۔ بیشک جو کچھ اللہ نے مقرر کیا ہے، وہ ضرور پورا ہوگا۔ اللہ کے سوا کوئی طاقت نہیں

یہ کہانی ہماری مقدس کتاب قرآن مجید کے اقتباسات سے مرتب کی گئی ہے۔

Explore more titles

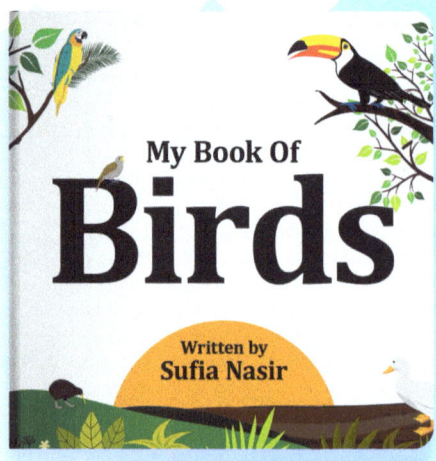

Watch all our books come to life with playful animation, gentle music & lifelike sound effects in the lambkinz app

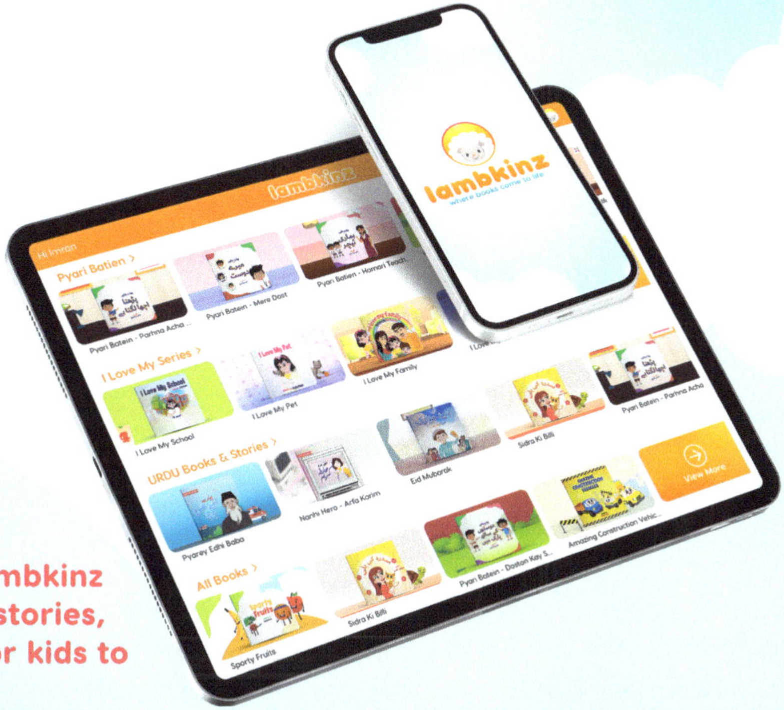

lambkinz combines the joy of reading storybooks with playful animation. lambkinz features dozens of gorgeous original stories, general knowledge & instructionals for kids to enjoy & learn from.

Download the **lambkinz** app for your device.

lambkinz is a registered trademark of Green Animation Studio